RETOUR
DE LA
Domination Espagnole à Cambrai.

SIÈGE DE 1595,
Par le Comte de FUENTES.

MÉMORIAL JOURNALIER
De ce qui est arrivé tant dans la Ville qu'au dehors.

MANUSCRIT INÉDIT
D'UN MOINE DE L'ABBAYE St-SÉPULCHRE.
RECUEILLI PAR
Madame Clément née Hémery.

CAMBRAI,
Imprimerie et Lithographie de D. Chanson, Libraire.

1840.

Extrait de la *Gazette Constitutionnelle*.

L'usurpation de Baligny et les vexations dont il accabla les Cambresiens sont trop connues pour qu'il soit besoin de les rappeler, il suffira de se peindre l'état de la ville de Cambrai, en proie aux factions excitées par Baligny, contre les fidèles serviteurs de l'archevêque Louis de Berlaymont; le délire de quelques ecclésiastiques ambitieux voués à l'homme qui persécutait leurs confrères, la terreur imprimée dans l'ame des habitans par l'arrogance de Renée d'Amboise, femme de Balagny, et par son avarice, qui causa sa perte, on concevra alors avec quelle joie on vit arriver l'armée du comte de Fuentes, qui donnait l'espoir d'être délivré de la tyrannie de Balagny. Cependant si la masse du peuple désirait le retour de l'archevêque, les complices de Balagny le redoutaient et essayèrent de résister aux forces nombreuses qui les assiégeaient; mais la volonté du peuple l'emporta et la ville se rendit bientôt aux assiégeans.

La plupart des versions relatives à ce siége sont toutes empreintes de l'esprit de parti; les récits faits par les Espagnols comme ceux faits par les

Français, sont remplis, les uns et les autres, de détails mensongers, répétés par Carpentier ; aussi pensons-nous que les notes journalières d'un témoin oculaire serviront mieux au futur historien de Cambrai, pour établir la vérité historique, que toutes les données imprimées jusqu'à ce jour.

S. Ex. le comte de Fuentes, lieutenant et gouverneur-général pour Sa Majesté Espagnole dans les Pays-Bas, fit acheminer son armée vers Cambrai. Il arriva à Inchy-en-Artois le 10 août 1595 (1). Le lendemain il envoya 5 à 600 hommes de cavalerie de plusieurs nations aux villages de Marcoing, Cantin, Noyelles et autres lieux aux environs, pensant faire quelque bon butin; ils approchèrent même des faubourgs de la porte St-Sépulchre, mais ils ne purent faire grand'chose, par la promptitude avec laquelle les pauvres gens se sauvèrent et se retirèrent dans les forts de leurs villages avec leurs bestiaux. Cependant les Espagnols ayant été avertis que quelques cavaliers français s'étaient retirés dans le château de Cantin, ils allèrent les assiéger et les pressèrent de si près et avec une telle violence, que tous les habitans qui s'étaient retirés dans le château avec les soldats furent pris avec leurs bestiaux et furent conduits au gros de l'armée au village d'Inchy.

Le lendemain dimanche, Son Excellence avec son armée, vint camper autour d'une maison de plaisance nommée La Folie, située entre Prémy,

---

(1) Le comte de Fuentes avait 12,000 hommes et 70 canons lorsqu'il commença le siége; il reçut un renfort de 5,000 hommes de pied, envoyé par les provinces voisines, et un régiment de wallons soudoyé par l'archevêque Louis de Berlaymont.   (Hist. manuscrite de L. de Berlaymont.)

Balagny, dit Carpentier, n'avait que 700 hommes de garnison lorsque Fuentes investit Cambrai.

Cantin et Fontaine-Notre-Dame. Le nom de cette maison excita les plaisanteries de Balagny, et lui fit tenir des propos malséans contre le comte de Fuentes; la cavalerie espagnole se logea dans les villages, et les gens de pied assez près de Son Excellence.

Les lundi, mardi et mercredi se firent plusieurs escarmouches contre la gendarmerie de Cambrai, où il n'y eut grande perte d'un côté ni de l'autre.

Le mercredi 15 dudit mois, de nuit arriva à Cambrai le duc de Rhetelois, fils du duc de Nevers, jeune homme de 16 à 17 ans, accompagné d'environ 400 chevaux; mais il fut rencontré par quelques compagnies du camp, conduites par le Sr Don Carlos de Colona, près des faubourgs de la Porte-Neuve (1); il perdit sa vaisselle, 12 à 15 hommes furent tués et plusieurs blessés (2).

Le jeudi après-midi arriva au pont d'Aire, près de Ramillies, le régiment de la Bourlotte, fort de mille hommes de pied et quelque peu de cavalerie.

Le vendredi, il se fit une assez belle escarmouche, du côté de Cantimpré; un capitaine français, nommé Dugues, y fut tué. Le même jour, quelques compagnies du camp passèrent l'eau à Cantigneul, et vinrent du côté de Niergnies pour reconnaître la citadelle.

Le samedi, une partie de ceux qui étaient à La

---

(1) Elle était au bout de l'allée des Soupirs; on y a bâti un magasin à poudre.

(2) Le P. Daniel dit que le duc perdit 3 chevau-légers, 8 dragons et quelques valets. Les Espagnols, dans la relation qu'ils ont faite, disent que les Français eurent plus de 60 hommes tués, 87 prisonniers, qu'ils perdirent 300 chevaux et tous leurs bagages.

L'historien de Louis de Berlaymont dit que le duc de Rhetelois entra à Cambrai sans la moindre perte, qu'il n'eut qu'un page de tué et sa vaisselle d'argent prise.

Folie vinrent camper à Niergnies, et commencèrent à l'instant même à y bâtir un fort; ceux qui étaient près de La Folie en élevèrent un autre en plein marais, près de Prémy.

Le dimanche 20 août, sur les quatre heures après-midi, deux escadrons s'approchèrent de la ville; c'était l'occasion d'une belle escarmouche, car 500 chevaux étaient préparés à la porte Cantimpré pour faire une sortie; mais les Français restèrent derrière les murs, tandis qu'il leur était facile de prendre les escadrons ennemis qui s'étaient aventurés sans espoir d'être secourus; les bourgeois n'eurent pas fort bonne opinion des troupes du duc de Rhetelois, et le dirent hautement. Le même jour au soir, quelques soldats qui étaient au ravelin de St-Sépulchre mirent le feu à plusieurs maisons de ce faubourg, 20 ou 21 furent brûlées. Un bruit courait sur les remparts que ceux du camp avaient causé ce désastre, mais c'était par ordre de Balagny que le feu avait été mis.

Le lundi furent défaites et ruinées toutes les maisons des autres faubourgs, on coupa tous les arbres fruitiers et autres, avec lesquels on fit des fascines pour fortifier la ville.

Le même jour, plusieurs gens de chevaux et de pied partirent encore du camp de La Folie et s'acheminèrent vers Sainte-Olle, distante de la ville d'un quart de lieue; il leur fut amené plus de deux cents charretées de fascines venant du bois de Bourlon. Ils commencèrent aussitôt un fort ayant son regard et front devant le ravelin de Cantimpré. Ceux du camp commencèrent le même soir à tirer à grands coups de mousquet et d'arquebuse sur ceux du rempart, qui leur répondaient avec vigueur. Cependant on ne fit point d'alarme, parce qu'on avait défendu de sonner aucune cloche ni même le tocsin, ce qui faisait penser que Balagny se défiait des bourgeois.

Le mardi, deux coups de canon furent tirés du fort de Niergnies ; le premier atteignit la citadelle, passa au travers de plusieurs maisons et notamment dans une des chambres de Balagny.

Le jeudi au matin, deux autres coups furent tirés ; l'un tomba sur les remparts de la Porte-Neuve, les boulets pesaient 20 ou 23 kilos.

Le même jour, on mit en circulation la monnaie de cuivre qui se faisait des chaudières qu'on trouvait dans la ville ; on la distribua aux soldats pour leur paie, et à ceux qui avaient travaillé aux fortifications, au grand détriment et à la ruine des bourgeois qui n'en voulaient point recevoir, mais qui furent forcés de la prendre par le commandement fait le jeudi à la Breteque, de la part du magistrat, qui fit cette publication en manteau et non en robe, en menaçant des peines les plus sévères ceux qui refuseraient de prendre cette monnaie pour la valeur qu'on lui avait donnée.

Ce même jeudi 25 du mois, tout le camp qui était à La Folie et lieux circonvoisins, s'achemina dès cinq heures du matin vers Escaudœuvres, où une bonne partie fut logée ainsi que Son Excellence, le reste campa dans la première vallée du côté de Cagnoncles. Ils commencèrent aussitôt quelques petits forts, sur la route de Valenciennes, et travaillèrent sans relâche toute la journée, pendant laquelle ils reçurent un nombre infini de fascines, qui s'amenaient du côté d'Inchy. Le même jour, à leur arrivée, il se livra un petit combat, assez près de la Justice, où fut blessé d'un coup d'escopette le capitaine Laderqueri, fils du censier de Fourque d'Oisy, lequel ramené à Cambrai, mourut aussitôt.

Le vendredi, ceux du camp firent faire un grand amas de fascines, et dans la nuit construisirent une courtine d'environ cent pas de long, près de la justice. Les Cambresiens pensant que c'était un fort tout complet bâti dans une seule nuit, s'étonnérent beaucoup et accusèrent la garnison de couardise, d'avoir laissé établir un fort si près de la ville. Cependant si ceux du camp besognaient avec grande diligence, les assiégés, de leur côté, travaillaient sans cesse aux fortifications, à faire des parapets, des embrâsures aux canons, des plates-formes et autres choses les plus nécessaires; ils étaient de garde nuit et jour, de sorte que le plus souvent les bourgeois n'avaient qu'une nuit pour se rafraîchir. Personne n'en était exempt, jeunes, vieux, nobles, vilains et même les gens d'église. C'était de même dans la citadelle, jusqu'à la dame de Balagny, ses enfans et ses demoiselles de compagnie y portaient la hotte et la manne à deux.

Le samedi au matin, on abattit la pointe de la tour de Gallus où était le guet de la citadelle; cette pointe était de plomb ainsi que le comble. Plusieurs personnes dirent que c'était une pure folie ou plutôt une nouvelle preuve d'avarice de Mad. Balagny, qui vendrait ce plomb à son profit (1). On avait assuré les bourgeois que la ville serait secourue par le roi Henri IV; on leur montrait des lettres supposées de ce monarque, et d'autres soi-disant du duc de Nevers, qui accourait avec une forte armée au secours de son fils; mais les bourgeois ajoutaient fort peu de foi à ces promesses et le plus souvent s'en moquaient. Il régnait une vraie confusion dans le commandement qui se faisait journellement, tant aux troupes qu'à la gendarmerie, attendu que Balagny manquait de résolution et contredisait ses ordres à chaque instant, ce qui fit que chacun des cour-

---

(1) Carpentier, partisan des Espagnols, et voulant exalter leurs exploits, dit que cette tour fut abattue par l'adresse de l'ennemi, tandis qu'elle fut démolie par les assiégés.

tisans du gouverneur s'avisa de commander, tellement qu'autant d'hommes il y avait près de lui, autant de divers commandemens, et le pis était que chacun voulait que ses ordres prévalussent et fussent mis à exécution, de sorte que ce qui était bien achevé un jour était rompu et anéanti le lendemain.

Le dimanche 27 août, on recommença la démolition de la tour de Gallus jusqu'au milieu.

Le mardi dans la nuit, ceux du camp firent une espèce de plate-forme plus près de la Justice, non loin des pierres jumelles; ils continuèrent ladite tranchée le mercredi, tournant chemin droit à la Fosse-aux-Pailles.

Le jeudi pendant la nuit, ils terminèrent leur ouvrage et y placèrent quatre pièces de canon. Dès le matin, ils commencèrent à tirer tant après les défenses de la citadelle que contre les murs de la ville; plusieurs boulets traversèrent St-Julien, St-Jean, St-Jacques-au-Bois, la Madeleine et quelques maisons bourgeoises; de notre côté et de la citadelle on tira aussi force coups de canon sur le camp. L'ennemi démonta une de nos pièces, qui était sur le boulevard Robert, ceux de la ville démontèrent le moulin qui était audit lieu.

La nuit et le jour suivant, 1er septembre, ceux du camp recommencèrent une autre tranchée, en continuation de la première, passant au travers du chemin de Valenciennes; ils y posèrent quelques pièces de canon vers la porte du Mal (Notre-Dame) et tirèrent aussitôt. Bontier, nommé Jean Caillou, fut le premier qui eut la tête emportée; un autre un bras, un autre une cuisse; ils en moururent quelques jours après.

Ledit jour vers midi, il se fit une belle escarmouche du côté de la Neuville; 200 chevaux des mieux montés et armés sortirent de la ville par la porte de Selles et passèrent au long de la Neuville, se mettant en embuscade au chemin profond qui va à Tilloy, au-dessus de l'église de la Neuville, et envoyèrent environ vingt chevaux battre l'estrade vers les sentinelles espagnoles qui étaient sur le haut de Tilloy, lesquelles furent chassées jusqu'au pont d'Aire, d'où elles retournèrent renforcées de trente chevaux, et poursuivirent les nôtres jusqu'au-dessus du marais de la Neuville ; ce que voyant, les Français qui étaient en embuscade, sortirent et donnèrent sur les Espagnols, qui s'enfuirent de rechef vers le pont d'Aire et furent aussitôt secondés d'environ 200 chevaux qui poursuivirent les nôtres de telle façon, qu'ils se retirèrent au lieu de leur embuscade, où ils croyaient être bien en sûreté, parce que cet endroit était assez étroit, et d'un côté et d'autre tellement élevé qu'on ne pouvait les prendre qu'en flanc : toutefois les Espagnols les assaillirent et forcèrent leur retraite ; ils furent obligés de se sauver au grand galop jusqu'à la porte de Selles, non sans perte d'hommes et de chevaux. L'écuyer du duc de Rhetelois fut rapporté à Cambrai blessé à mort, il ne survécut que deux jours.

Pendant cette escarmouche, ceux du camp tirèrent trois coups de canon après le tocsin du clocher de St-Géry, au troisième coup il fut emporté et tomba sur le guetteur, qui fut fort foulé sans autre mal ; ils tirèrent ensuite sur les soldats qui étaient au château de Selles, mais ne firent aucun dommage. Cependant deux coups traversèrent la grange dudit château ; un autre coup tiré le même jour, atteignit le torillon du pont-levis du milieu de la citadelle, du côté de la ville.

Pendant la nuit du 1er au 2 septembre, les ennemis firent jouer force haut-bois du côté d'Escaudœuvres, et force trompette en signe d'allégresse, et tirèrent un coup de canon. Balagny entendant ce bruit, en fit faire autant par les musiciens de la garnison.

Le même jour, un gasçon, soldat des gens du duc de Rhetelois, voyant vers le soir cinq bourgeois deviser ensemble dans la rue St-Georges, vint frapper un coup d'estoc au milieu d'eux, perça le bras gauche du nommé Philippe Laoust, homme honorable, blessa ensuite la fille d'un bourgeois nommé Adrien Doby, à laquelle il coupa trois doigts, blessa une autre femme au bras, et de retour en son logis, s'efforça de violer une jeune fille en présence de son père et de sa mère, qu'il avait attachés avec des cordes. Cet homme ayant été arrêté, sur la plainte de Philippe Laoust et celle des autres offensés, fut élargi le lendemain, sans autre justice, et l'on se moqua des bourgeois, qui en gardèrent rancune avec raison.

Le samedi 2 septembre, une nouvelle escarmouche eut lieu du côté de la porte de Selles; mais les Français furent encore repoussés avec perte jusqu'aux fossés de la ville, quoiqu'ils eussent mis des fantassins en embuscade dans les manoirs du faubourg; mais les Espagnols pensant que s'ils avaient eu de l'infanterie à la première attaque, ils auraient eu encore plus d'avantages, avaient mis 300 hommes en embuscade assez près de la Neuville, ce qui causa une grande perte aux français.

Les dimanche, lundi, mardi et mercredi, il ne se fit rien digne d'être écrit, sinon quelques combats entre 4, 5 ou 6 hommes, qui semblaient être plutôt des duels que des escarmouches.

Le lundi, ceux de la ville abattirent une belle tourelle assez haute et de magnifique structure en briques, que messire Robert de Croï avait fait bâtir sur le château de Selles, on donna pour prétexte à cette démolition, que ceux du camp pourraient l'abattre et qu'il pourrait y avoir quelqu'un de tué.

Le mercredi et le jeudi, on envoya sur le clocher de St-Géry quelques soldats avec arquebuse à crocs, pour tirer sur ceux du camp. Ces derniers ripostèrent aussitôt en tirant plusieurs coups de canon contre le clocher, qui fut endommagé ainsi que l'église. Les arquebusiers s'étant retirés, le canon cessa ; cependant les assiégeans continuaient de faire la tranchée, entre le chemin de Valenciennes et la Justice de la ville, les assiégés les saluaient à coups de canon, tant de la citadelle que du boulevard Robert, et en tuaient un bon nombre, ce qui n'empêchait pas les Espagnols de poursuivre leurs travaux et d'approcher jusqu'assez près des fossés de la ville, entre le boulevard Robert et la porte du Mal, amenant toujours gabions et fascines. Sur ces entrefaites, quelques Suisses sortirent de la ville avec de l'infanterie pour repousser l'ennemi ; ils jetèrent des grenades et autres feux artificiels, qui brûlèrent quelques gabions et fascines, étant assez près du faubourg qu'on dit Amebourdon (1). Dans cette escarmouche, 3o hommes furent tués et plusieurs blessés du côté des espagnols qui étaient à la tranchée. Ce fut la première attaque de la part des assiégés, depuis que les ennemis avaient commencé leurs travaux. Balagny en cela montra être grand homme de guerre, d'avoir laissé approcher si près les ennemis sans aucun empêchement (2).

---

(1) Ce faubourg était situé sur la gauche de la route de Douai ; il avait été détruit en partie dans les différens siéges, et ce qui en restait fut rasé lorsqu'on construisit le canal.

(2) La réflexion du moine de St-Sépulchre est d'autant plus juste, que nous lisons dans l'histoire manuscrite de Louis de Berlaymont : « ...... On ouvrit la tranchée, mais l'on ne tra-
» vailla qu'avec une peine infinie et fort peu de succès, car
» du côté de l'Escaut on n'avait pas creusé un pied en terre,
» que l'eau arrêtait l'ouvrage, et sur la hauteur, vis-à-vis du

Le mercredi et le jeudi, les Espagnols dressèrent une nouvelle batterie, joignant et mettant à dos la Justice de la ville ; ils tirèrent quelques coups de canon contre la citadelle.

Nota. Le 1ᵉʳ et le 2 septembre on avait fait une visite de tous les grains de la ville. La semaine suivante on fit faire commandement par chaque *égard* de mettre en vente sur le marché certain nombre de blé, pour être vendu aux pauvres et aux soldats, moyennant la monnaie de cuivre qu'il fallait prendre et recevoir. Cet ordre amena une grande confusion dans la ville ; les bourgeois étant contraints de recevoir cette monnaie, la jetaient, (quoique le magistrat ait fait courir le bruit que tout serait restitué en argent de valeur), et s'opposaient

» boulevard Robert, on travaillait beaucoup sans avancer à
» rien, par la difficulté du terrain, qui n'est qu'une masse de
» terre dure et pierreuse.
  » Il est très certain que si Balagny avait molesté les assié-
» geans par de fréquentes sorties et par des contre-batteries,
» ils se seraient bientôt rebutés ; mais il était visible qu'il avait
» perdu courage ou qu'il n'avait aucune expérience, parce
» que pendant dix jours que durèrent les travaux des espa-
» gnols, on ne fit pas la moindre résistance. Le duc de Rhe-
» telois qui n'osait, à cause de sa grande jeunesse, rien entre-
» prendre de son chef, et qui n'avait pas assez de crédit pour
» commander avec autorité, faisait tous ses efforts pour enga-
» ger les assiégés à sortir de leur inaction ; mais voyant qu'on
» ne faisait aucun cas de ses ordres, il s'avisa d'ajuster lui-
» même une couleuvrine sur l'endroit où les Espagnols tra-
» vaillaient avec le plus d'ardeur ; il tira si droit et enfila telle-
» ment la tranchée, qu'il troubla fort l'ouvrage des assiégeans.
» S'étant aperçu de ce beau succès, lui et les gentilshommes
» qui l'accompagnaient se mirent à braquer le canon sur les
» travailleurs, ce qui dérangea absolument leurs projets. »

Si en ce moment Balagny avait ordonné des sorties, il est probable que le siége aurait eu une autre issue.

opiniâtrement à vendre leur blé contre ce mode de paiement ; ils s'obstinèrent au point que le magistrat fut contraint de faire exécuter son commandement *vis facti*, faisant ouvrir les greniers et y prenant le blé selon la taxe mise. Les bourgeois étaient extrêmement vexés par les corvées qu'on les contraignait de faire, et néanmoins rien n'avançait à cause de la confusion des commandemens. Balagny faisait courir le bruit qu'il lui venait un secours de 3 ou 4,000 hommes, ce qui épouvantait les bourgeois, parce que les soldats de la ville se vantaient publiquement qu'aussitôt que le secours serait arrivé, ils les dompteraient, les pilleraient et coucheraient avec leurs femmes et leurs filles ; d'un autre côté les Espagnols criaient du bord des fossés, que lorsque la ville serait prise, ils en feraient autant et brûleraient les maisons, de sorte que les pauvres bourgeois ne voyaient aucune chance de salut et avaient le cœur horriblement serré.

On tirait sans cesse du camp des flèches avec des lettres qu'on disait être de notre archevêque Berlaymont, admonestant le peuple et l'engageant de lui ouvrir les portes, ce que le peuple désirait extrêmement ; on le voyait et on l'entendait par leurs gestes et par leurs propos ; mais le magistrat et quelques puissans de la ville le retenaient, tant par des menaces, que par de vaines promesses ; c'est pourquoi on n'osa rien attenter. *Je vous laisse à penser en quelle peine et altération étaient les bons citoyens, voyant devant leurs yeux un glaive tranchant des deux côtés, et ce qui les tourmentait davantage était la monnaie de cuivre avec laquelle ni soldats, ni habitans ne pouvaient trouver ni pain, ni vin, ni autres choses nécessaires à la vie humaine, et plusieurs offraient 500 florins pour un de bonne monnaie.*

Le mercredi 6 septembre, ceux du camp firent une grande salve sur le soir, le lendemain matin ils tirèrent dans tous leurs quartiers toutes leurs arquebuses et mousquets, et peu après toute leur artillerie ; ils firent ensuite de grands feux de joie, et mirent des falots de paille sur leurs piques et sur leurs lances, ce qui étonna beaucoup les personnes qui se trouvaient sur le rempart Robert, jusqu'à la porte de Selles, où il n'y avait pas un seul capitaine de la garnison ; les soldats pensèrent que l'ennemi s'était emparé de quelque ravelin.

Le jeudi 7 au soir, 60 chevaux et quelque infanterie française sortirent par la porte de St-Sépulchre, pensant faire quelqu'entreprise sur ceux du camp, mais ils trouvèrent en tête 100 à 120 chevaux qui les attendirent et les chassèrent jusqu'à la porte Neuve, en en tuant et blessant plusieurs.

Le vendredi 8, ceux de la ville tirèrent dans les fossés sur les gabions de l'ennemi ; ils en brûlèrent quelques-uns, ainsi que d'autres qui étaient préparés assez près de la porte du Mal, pour dresser des batteries. Quelques suisses et autres personnes qui étaient sur les remparts furent tués, tant par l'artillerie que par la mousqueterie du camp, alors très près des fossés de la porte du Mal ; car les Espagnols avançaient toujours leurs tranchées.

Le même jour au soir, vint un cavalier du côté de Proville assez proche de la porte de St-Sépulchre, il cria : Vive le prince de Chimai ; puis il prit son chemin par Marcoing ; mais il fut tué par un des soldats du ravelin, et son cheval fut ramené en ville. Il ne se passait aucune nuit sans qu'il arrivât quelque messager assurant que le Roi venait secourir la ville. Du moins on le faisait croire aux bourgeois ; tantôt on disait que le duc de Bouillon était arrivé à Bouchain avec 4 à 5,000 hommes. Ainsi on nous menait de jour en jour, mais on voyait bien que ceux du camp faisaient si bonne garde, que ni duc, ni seigneur ne pouvaient entrer dans la ville que par force ou par trahison.

Le samedi 9 après-dîner, les assiégés firent une sortie par les casemates de la porte Robert ; ils allèrent investir les tranchées du camp, brûlèrent quelques gabions et tuèrent plusieurs soldats qui étaient aux tranchées. Cependant, quoiqu'ils fussent 200 cuirassiers, ils furent repoussés à grands coups de piques et de mousquets ; les capitaines français et suisses furent contraints de se retirer et de se jeter à corps perdu en bas des fossés pour se sauver ; plusieurs demeurèrent sur la place, mais on n'en a jamais su le nombre.

Le même jour le neveu de M. de Buchi, chevalier du St-Esprit et conducteur du duc de Rhetelois, fut tué sur le rempart tandis qu'il regardait ce qui se passait dans les fossés ; il fut enterré dans la chapelle de Notre-Dame de Grâce.

Le même jour, tous les capitaines bourgeois reçurent l'ordre de se trouver l'après-dîner dans la maison de ville, avec leur lieutenant et cinq à six des plus notables de leurs compagnies. Chacun espérait quelque chose de bon de cette convocation, c'est-à-dire qu'on en viendrait à une capitulation, d'autant plus que le bruit courait que ceux du camp avaient poussé leur tranchée jusqu'au boulevard Robert ; mais il n'en était rien : Balagny en réunissant les chefs des compagnies, n'avait d'autre but que d'endurcir les bourgeois et les faire aller hardiment aux armes, il leur dit : qu'il ne voulait contraindre personne, mais qu'il remarquerait ceux qui se montreraient tels qu'il le désirait.

Le dimanche suivant, sur les 4 heures du matin, le Sr de Vicq, gouverneur de St-Denis, arriva à Cambrai avec 400 chevaux, partie roussins, partie bidets, partie gascons, partie picards, sans avoir eu aucune rencontre. On dit que ce fut par la faute de quelques capitaines du camp qui donnèrent pour excuse qu'ils avaient défense de combattre. D'autres disent que le S_r de Vicq et sa troupe ne furent aperçus que lorsqu'ils étaient à la portelette de Cantimpré, et qu'alors ils furent chargés par ceux du camp, mais trop tard ; toutefois ils perdirent plus de 180 chevaux et leurs bagages, quelques-uns furent tués et blessés (1). Pour cette arrivée on sonna et l'on chanta le *Te Deum*, comme si c'eût été un secours de 20,000 hommes, et tout le jour la dame de Balagny se répandit en injures, menaçant du doigt et de la main, disant qu'elle châtierait bien les bourgeois et qu'elle leur ferait tenir un autre langage. Les soldats français en disaient autant depuis que leur secours était venu. Cependant la dame de Balagny n'avait pas besoin de se plaindre des bourgeois, car ils lui avaient obéi en tout ce qu'elle avait désiré.

Le samedi on avait commencé à démolir l'ancien corps de logis du palais archiépiscopal, par le commandement de Balagny, sous prétexte d'avoir du bois pour son logis et pour les fortifications de la ville et de la citadelle, mais il est

---

(1) Voici comment les Espagnols racontent ce fait : Le S_r de Vicq, homme d'une grande expérience pour la défense d'une place, arriva à Cambrai le 10 septembre, vers trois heures du matin, après avoir adroitement évité toutes les embuscades que Landriano avait posées sur les chemins du côté de France. Il entra dans la ville sans faire presque aucune perte, parce qu'il eut la présence d'esprit de faire mettre pied à terre à ses troupes, lorsqu'il se sentit poursuivi d'un gros de cavalerie italienne. Les chevaux qu'il abandonna au pillage brouillèrent tellement les rangs de ceux qui allaient l'attaquer, qu'il eut le tems de se mettre à la portée du canon de la ville, sans essuyer d'autre feu que celui des forts qui se trouvèrent sur son passage.

(Hist. de Louis de Berlaymont, Mss. inédit.)

certain que ce fut plutôt par vindication que par nécessité ; le tout fut abattu le lundi, au grand regret des bourgeois.

Le même jour 11 septembre, on essaya d'attaquer l'espagnol dans la tranchée ; on tira de la ville et du camp quelques coups d'arquebuse les uns sur les autres qui n'eurent aucun résultat, excepté un homme blessé à mort par Balagny, qui avait jeté quelques grenades.

Le mardi on tira des coups de crochets de dessus le clocher de St-Géry, et un coup de dessus la voûte du chœur de cette église ; il fut à l'instant contre-tiré quatre coups de canon contre ledit clocher ; on continua les jours suivans, de sorte que le clocher fut en partie rompu, ce qui fut un grand dommage, car c'était une des plus belles pièces du pays. Le chœur de cette église ne fut pas non plus épargné ; c'était une grande désolation dans la ville de voir les maisons *pertrifiées, rompues et brisées ;* entr'autres St-Jacques-au-Bois, l'hôpital St-Jean et tout ce quartier, depuis la Madeleine jusqu'aux portes Robert, du Mal et de Selles, par les coups de canon qui se tiraient sans relâche du camp en ville. Il est vrai qu'il n'y avait guère de personnes tuées ni de blessées, mais cela donnait une terrible épouvante, et tous les jours les Espagnols approchaient de plus en plus des fossés ; ils faisaient continuellement de nouvelles batteries, tantôt de trois, tantôt de cinq canons, selon que l'occurence se présentait, pour tâcher de rompre nos défenses.

Ce même mardi après-dîner, on prit la résolution de faire un retranchement en forme de demi-lune, et de nouveaux remparts en dedans de la ville, depuis la porte Robert jusqu'à la porte du Mal, ce qui nécessita d'abattre beaucoup de maisons, particulièrement à l'endroit de la rue des Bouchers ; on y démolit 40 maisons et plusieurs belles granges, sans penser à indemniser les propriétaires. Les lamentations de ces braves gens fendaient le cœur, et ce qui était pis, c'est que ceux qui ne faisaient pas assez de diligence pour enlever leurs meubles, les voyaient donner en pillage aux soldats, aussi en firent-ils plus qu'on ne leur en avait commandé pour avoir plus d'occasions de pillage. Les matériaux, combustibles leur furent abandonnés, sans que les propriétaires pussent en tirer aucun profit, sinon qu'ils pouvaient aussi piller leurs propres biens avec les autres, et on continua ces dilapidations le jeudi, le vendredi et le samedi. Pendant ces mêmes jours, ceux du camp continuèrent à tirer des coups de canon contre le clocher de St-Géry, et cela par l'opiniâtreté de Balagny, qui ne voulut jamais retirer les soldats qu'il y avait mis. Le bruit courut que le mercredi, les Espagnols avaient envoyé un trompette, exprès pour l'y engager, mais qu'il avait répondu qu'il en mettrait 50 de plus; à quoi les Espagnols firent une protestation, et dirent que c'était à leur grand regret qu'ils étaient forcés de tirer sur le clocher de St-Géry. Il y eut plusieurs belles cloches cassées, encore par l'entêtement de Balagny, qui ne voulut jamais permettre aux chanoines de les faire descendre, malgré les requêtes et supplications qu'ils lui avaient faites. Plusieurs soldats désertèrent pour se rendre au camp; les bourgeois espérèrent que le rapport qu'ils feraient de leur bonne volonté à rendre la ville, les préserveraient de la colère des Espagnols. Ceux-ci avançaient toujours, on disait qu'ils étaient prêts à battre dès le vendredi. La nuit du jeudi 14 septembre, ils s'emparèrent du corps-de-garde qui était à la porte du Mal, où les soldats et les bourgeois faisaient la garde le jour; ils y placèrent aussitôt quatre pièces de canon et tirèrent continuellement après nos défenses, principalement contre les casemates Robert.

Le dimanche 17, sur les 4 à 5 heures du soir, 20 chevaux sortirent de ville pour aller assaillir un petit fort hors de la porte St-Sépulchre, sur la route de Marcoing, qui était gardé par de l'infanterie. Cette petite troupe se défendit si bien et soutint l'attaque si vaillamment, qu'on eut le tems de venir à son secours. Deux escadrons de cavalerie ennemie venant l'un du côté de Proville et l'autre de Niergnies, en tout 60 chevaux, attaquèrent si impétueusement les français, qu'ils furent contraints de se sauver au grand galop. En ce combat fut tué le Sr de Planvie, gentilhomme français, fort regretté pour ses grandes vertus. Il fut enterré par les espagnols à Niergnies, ayant été reconnu par un de ses compagnons de la suite de M. d'Aumale. Si de ce côté les Français furent repoussés, ils attaquèrent les tranchées de l'ennemi d'un autre côté et firent mordre la poussière à ceux qui les défendaient. On rapporte qu'il y eut plus de quarante hommes tués; les Cambresiens ne perdirent que deux hommes.

Pendant la nuit du mardi, les Espagnols mirent cinq pièces de canon un peu derrière l'église de la Neuville, dont ils nous saluèrent au point du jour, tirant tout le long du rempart de Selles, jusqu'à ceux du Mal et de Robert. On n'osait plus se trouver sur le rempart ni au retranchement qu'on élevait, car ledit jour et la nuit suivante, plus de douze personnes furent tuées, entr'autres deux jeunes fils de bourgeois, l'un de Chrétien Molet, l'autre de Nicolas Masselot, qui travaillaient à couronner; ils eurent le ventre et les entrailles emportés; Masselot eut le tems de joindre ses mains et de dire : Je suis mort.

Tous les jours les désordres et les calamités s'augmentaient dans la ville à cause de la monnaie de cuivre que chacun faisait difficulté de recevoir, malgré le commandement qu'en avait fait le magistrat et les punitions qu'on infligeait aux réfractaires. Ni soldats, ni pauvres gens ne pouvaient avoir à boire, ni à manger. Toutes les boutiques étaient fermées; d'un autre côté, on prenait dans les maisons des bourgeois et des gens de moyen, de fait et de force, le blé qu'ils avaient pour leur provision; on le donnait à quelques boulangers, qui le convertissaient en pain, pour être distribué aux soldats et pauvres gens, moyennant la monnaie de cuivre, et les boulangers payaient le blé de cette même monnaie, qui était en dédain et mépris parce qu'on n'avait aucun espoir d'en être remboursé d'une manière quelconque, comme il était arrivé de la monnaie forgée pendant le premier siége en 1580.

La nuit du mardi arriva un des porte-manteaux du roi de France, avec une lettre écrite de Lyon par ce monarque, qui promettait de venir nous secourir, mais le tout était estimé à risée et moquerie.

Le mercredi, avec trois batteries que les Espagnols avaient placées : 1° à la Justice, 2° près de la porte du Mal, 3° au Chauffour Bourbon, à l'endroit de la rue des Bouchers, chacune de quatre canons, ils commencèrent à battre les défenses qui étaient sur le boulevard Robert, et celle qui tirait vers la porte du Mal; ils en rompirent une partie.

Le jeudi on fut contraint de retirer les canons des défenses, quoique sur le boulevard Robert les embrasures des batteries furent seules rompues.

Ce même jour, tout le camp se mit en armes et en bataille; on disait dans la ville qu'il se préparait à bien recevoir le secours que nous attendions. La batterie de la Neuville continuait toujours à balayer les remparts; pour se défendre de cette batterie, on établit une grande et belle plateforme à l'endroit de la tour de Mars, afin de préserver les soldats et les bourgeois qui étaient au rempart, et particulièrement ceux qui travaillaient au grand retranchement ; on y posa deux canons pour battre ceux de la Neuville et de la Justice, mais la batterie de la Neuville déplaça les canons de la plate-forme qui devinrent tout-à-fait inutiles.

Le même jour au soir, quelques cavaliers sortirent de la ville par la porte Neuve ; ils furent aussitôt rechassés dans la ville.

Le vendredi au matin, ceux du camp érigèrent un petit fort au-dessus du moulin de Proville, à l'enfourchement des trois chemins, où ils se mettaient tous les jours en armes, pour attendre le secours si désiré par les français et si redouté par les bourgeois.

Le samedi au soir, les Français essayèrent de faire une sortie pour attaquer les tranchées ennemies ; ils jetèrent quelques grenades, brûlèrent quelques gabions, mais ils furent aussitôt repoussés.

Le même jour un bruit sinistre se répandit dans la ville ; on assurait que les Espagnols avaient creusé des mines sous les remparts et qu'elles étaient prêtes à jouer. C'était un gascon, pris allant d'un quartier à l'autre avec un flacon, qui avait fait ce conte ; il montrait en même tems des trous et des ouvertures que faisaient les Espagnols, comme une preuve de la vérité de son récit ; mais il n'en était rien, ces ouvertures devaient servir à placer de nouvelles batteries, et l'on s'en inquiétait peu ; car les ennemis avaient déjà tiré plus de 7,000 coups de canon, sans avoir fait la moindre apparence de brèche ; les maisons seules avaient souffert.

Le jeudi 25, vers les sept heures du matin, les Espagnols commencèrent à battre la ville avec douze pièces de canon, du côté de la porte du Mal, tant pour écraser ladite porte que les casemates Robert ; avec huit autres pièces, ils battirent la tour des Sottes (1) qui joignait le boulevard et la rompirent plus d'à moitié ; par les mêmes moyens ils battirent toutes les défenses de Robert avec des canons qui étaient à la Justice et au Chauffour. La batterie de la Neuville qui ne cessait de tirer au long des remparts de Selles et du Mal, faisait plus de mal que toutes les autres, aussi aucun homme n'était assez hardi pour oser se montrer sur le rempart. L'ennemi continua de tirer de toutes ses batteries avec une telle furie, qu'à 5 heures du soir il semblait que toute la ville était pulvérisée. La porte du Mal fut rompue en partie, quoiqu'elle eut été réparée de nouveau. Cependant on ne fit pas une brèche assez importante pour en venir à l'assaut. Le plus grand dommage fut fait aux casemates Robert, en partie rompues, et dans lesquelles le canon resta enseveli, personne n'osant aller le retirer. Quelques soldats cambresiens y furent tués.

En ces entrefaites, sur les neuf heures du matin, le bruit courut que les plus riches de la ville se sauvaient avec leurs meubles et objets précieux dans la citadelle, qu'à deux heures après-dîner l'ennemi devait donner l'assaut, et que la ville serait indubitablement emportée. De plus, on ajoutait que le Sr de Vicq avait dit aux bourgeois que s'ils s'attendaient à leur gouverneur, ils auraient tous la gorge coupée, ce qui étonna fort lesdits bourgeois et ceux qui l'entendirent. Le soupçon se changea en certitude, lorsqu'on vit une partie des compagnies bourgeoises prendre les armes de leur propre mouvement, sans qu'aucun capitaine ou lieutenant fussent avec eux, et que M. de Seigni, lieutenant de Balagny, avait fait

---

(1) Elle était située au bout de la rue qui porte encore ce nom.

conduire à la citadelle une charretée de ses meubles. C'est pourquoi quelques compagnies convinrent de s'attendre en armes sur le marché, et de demander un appointement en tems et heure. Pour effectuer ce projet, Gilles Normand, brasseur de l'Epée, de la compagnie de Nicolas Sart l'aîné qui était en armes dans leur quartier à la tour Caudron, se transporta avec deux ou trois de ses compagnons vers quelques compagnies bourgeoises, et leur fit sentir énergiquement qu'il était tems pour sauver nos biens de prendre les armes, et de réunir cinquante hommes de chaque compagnies pour aller au marché demander un appointement. Cette proposition fut écoutée volontiers de plusieurs compagnies et particulièrement des gens de bien, qui applaudirent son discours; mais étant venu à la compagnie d'Adrien Dollet, qui avait son quartier sur la porte St-Sépulchre, le lieutenant de Dollet, nommé Antoine Lelong, et un autre de la compagnie, accablèrent Normand d'injures, l'appelèrent séditieux, le menacèrent d'avertir le capitaine, ce qu'ils firent aussitôt.

Balagny fut bientôt informé des démarches de Normand; la peur que le gouverneur inspirait, refroidit la bonne volonté des bourgeois; ils craignaient que la témérité et l'impatience de Normand ne les exposât à perdre presque tous la vie, car la femme de Balagny, d'un naturel extrêmement sanguinaire, était d'avis de faire exécuter tous ceux qui avaient écouté Normand.

Balagny fut plus prudent: ayant entendu la remontrance faite par Normand et l'assentiment des bourgeois, il fit une ronde autour du rempart, et alla lui-même rassurer tous les habitants sur la crainte qu'ils avaient d'un assaut. il ajouta que sa femme et ses enfans étaient en ville, et nia qu'aucun bourgeois ni autres se fussent retirés dans la citadelle avec leurs meubles, que c'était une calomnie pour affaiblir leur courage. Comme il passait de compagnie en compagnie, étant parvenu à celle de Sart l'aîné, répétant toujours les mêmes discours, un ancien bourgeois, nommé Jean Trescaut, lui redit avec fermeté qu'il était de l'avis de Normand, et que les bourgeois demandaient un appointement. Balagny irrité voulut le constituer prisonnier, mais Trescaut fit résistance et ses compagnons ayant crié *armes, armes*, ils s'opposèrent formellement à Balagny, qui fut en grand danger de perdre la vie; toutefois ce ne fut rien, et le tout fut appaisé.

Pendant ce tems, Normand avait continué sa route et s'était transporté auprès des autres compagnies. Celle qui était entre la porte de Selles et celle de Cantimpré, de son propre mouvement, ou poussée par autrui, vint s'emparer de la porte de Cantimpré, s'y retrancha à la faveur de la grande rivière, et avait déjà commencé à barricader les grands ponts de pierre de la grande rue, lorsque le dessein des bourgeois avorta par la survenue du sieur Seigni, lequel ayant été empêché par eux de passer lorsqu'il se rendait à ladite porte, et ayant remarqué la contenance hostile des bourgeois, rebroussa chemin à la hâte vers le marché pour en avertir Balagny. Les bourgeois renoncèrent à leur entreprise, quoique les autres compagnies ne demandassent pas mieux que de les seconder, mais il leur eût fallu un bon chef, un homme en état de commander et de les encourager. Au lieu de cela, des neuf compagnies bourgeoises établies sur le rempart, depuis la porte de St-Sépulchre jusqu'à la porte de Selles, il ne se trouva que deux capitaines, Nicolas Sart et Pierre Baudin, tous les autres s'étaient absentés. Aussi Balagny averti, ne tarda pas à mettre ordre à la rébellion des bourgeois. Il fit venir en ce quartier le sieur de Vicq avec environ 200 chevaux de ceux qu'il avait amenés, et les ayant mis à pied, bien armés et garnis de piques, il vint en cet équipage faire une ronde, montant à la porte Cantimpré jusqu'à la porte St-Georges, faisant ainsi parade de ses gens en armes, et prêts à fondre sur les bourgeois, ce qui les intimida complètement. Une heure après, arriva une autre compagnie de 300 hommes, aussi armés de toutes pièces et garnis chacun d'une pique au lieu de lance; ils vinrent se ranger en bataille au-dessous du rempart, à l'entrée de la rue des Cygnes, et aussitôt on retira la compagnie de Nicolas Sart, qui était placée à la tour Caudron; elle fut menée pour corps-de-garde en la maison de ville, et le capitaine Baudin, qui tenait la tour aux Arquets (1), fut mis en la place dudit Sart. Des soldats, partie wallons, partie français, occupèrent la tour aux Arquets; par ce moyen, tout fut appaisé.

Mardi à minuit et au matin, le tocsin sonna l'alarme, mais ce ne fut rien. Si les Espagnols eussent attaqué ce jour là avec vigueur, il est certain que les bourgeois eussent repris les armes pour les seconder, car ils n'attendaient autre chose, comme ils le montrèrent le lundi suivant. Ils ne furent point étonnés du déploiement de forces qu'avait fait Balagny ni du changement des compagnies, leur parti était pris de ne plus combattre. Balagny ayant appris que Normand s'était évadé du rempart et s'était transporté au camp, pour avertir son excellence de la bonne volonté qu'avaient les bourgeois de secouer le joug français, il se douta bien que les espagnols redoubleraient d'efforts pour emporter la ville. En effet,

---

(1) Cette tour est en face de la maison des bains publics; c'est dans cette tour que se trouve la machine qui sert à inonder les fortifications de Cambrai.

leurs batteries jouèrent continuellement, ils en eurent une de 4 pièces à la porte du Mal qui fut enfoncée par une mine que les Suisses avaient faite au fond des fossés; mais cela ne les découragea pas. Balagny pensa que la démarche si hardie de Normand avait des ramifications qu'il lui fallait découvrir, que cet homme n'aurait pas osé aller au camp ennemi s'il n'avait été excité et soutenu par quelqu'un de puissant; il communiqua sa pensée à sa femme, qui soupçonna le sieur Leofre de Ligny, de Villers-au-Tertre, homme noble et homme de guerre, comme voulant saisir une occasion de se mettre en avant et que c'était lui sans aucun doute qui avait excité le peuple à se révolter, puisque les bourgeois le demandaient ouvertement pour leur chef. Ce soupçon, joint à ce que Normand avait été fourrier dans sa compagnie, prit une telle consistance, que Balagny fit assembler tous ses suppôts et les officiers de la garnison, qui jugèrent, sans autre information, que c'était vraiment Leofre qui avait endoctriné Normand et qu'il convenait de lui couper la tête. Balagny commanda aussitôt à quelques gentilshommes de le saisir au cou pour en faire l'exécution; mais comme Dieu aide toujours les siens, il ne permit point que ce jugement inique s'exécutât. Leofre ayant été averti par un de ses amis de mettre ordre à ses affaires, se rendit le mercredi au matin à la citadelle, et sans s'étonner aucunement, avec un visage tranquille et un maintien assuré, il demanda à parler à Mad. de Balagny, car parler à son mari c'était comme rien; puisqu'elle seule faisait et défaisait tout. Il la trouva entourée de ses suppôts, avec lesquels elle paraissait être en étroite confidence. En voyant entrer Leofre elle se retourna vivement, lui fit une mine assez *renfrognée*, et sans rien lui dire, elle continua à mi-voix sa conversation avec ses cour-

tisans; elle vint ensuite aborder le sieur Leofre avec une toute autre face et *blandissement* (1), lui demanda ce qu'il avait, qu'il semblait comme courroucé. — « Madame, répondit Leofre cour-
» roucé, suis-je vraiment pour ce que j'ai entendu,
» qu'avez conçu quelque soupçon sur moi, que je
» je veux être chef des bourgeois contre vous-mê-
» me, qu'on vous l'a ainsi rapporté, occasion
» pourquoi je me viens ici rendre prisonnier,
» contre tous ceux qui de cela voudront m'accuser.
» —Mad. Balagny nia fort et ferme qu'elle eût des
» soupçons sur lui, et que son mari ni elle n'avaient
» aucune opinion qui lui fût défavorable; elle
» ajouta de douces paroles avec embrassemens et
» baisers, lui fit mille amitié, se promena long-
» tems avec lui, et son mari le convia à son dîner;
» Leofre accepta; il montra beaucoup d'audace et
» donna de lui une si bonne opinion de sa fer-
» meté, qu'on jugea à propos de laisser tomber
» les projets qu'on avait conçus. »

Puisque nous sommes sur ce propos, il semble que ce ne sera pas sortir du sujet présent, que de raconter comment le peuple et les plus apparens de la ville avaient jeté l'œil sur le sieur Leofre pour l'élire chef des bourgeois, ils en devisaient entre eux assez familièrement, mais comme on vit ledit Leofre faire tous bons offices et devoirs vers Balagny, et que celui-ci faisait en partie ce qu'il lui conseillait, personne n'osait lui apprendre l'intention des bourgeois. Cependant le jeudi 7 septembre, se trouvèrent, partie de propos délibéré,

---

(1) Blandissement : action de flatter, de caresser.
Marie de France. *Purgat. de S. Patrice.* — Guillaume de Nangis, *Chron. fr. ms.*, ann. 1306.—Eust. Deschamps. *Poés. mss.*, fol. 352. col. 4.—*Amant ressuscité*, p. 80.—Amyot, *Plutarque*, *Annibal*, c. 59., œuv. t. IX, p. 433. De Pougens, Archéologie française, t. 1, p. 64.

partie casuellement dans la chambre dudit Leofre, Jean de Villers, noble homme, son frère sieur de Fagnolet; Pontus de Villers, son deuxième frère; le sieur Bernimicourt, écuyer, prévôt de la ville; le sieur Danneux, écuyer; Philippe Quelleries, capitaine d'une compagnie bourgeoise; bailly du sieur de Ligny, le capitaine Jacquet, capitaine d'une compagnie de wallons, et Léonard Pipart, praticien de la ville, lesquels lui parlèrent longuement des désastres qui accableraient Cambrai, s'il n'y était pourvu, bref qu'il n'y avait d'autre remède que de se rendre maître des Français, ce qui pourrait facilement se faire, si les bourgeois prenaient unanimement les armes, qu'ils y étaient déjà portés, et qu'ils le feraient avec courage s'ils avaient un capitaine tel que lui, étant gentilhomme cambrésien, homme de guerre et le premier de la ville, pour remettre sa patrie en sa primitive liberté, que pour un si pieux et honnête devoir, il ne devait épargner sa vie ni ses biens, ayant nos amis qu'on nommait nos ennemis à un jet de pierre ou d'arc pour nous secourir.

Leofre répondit qu'il y avait déjà long-tems qu'il avait vu la bonne volonté du peuple, que lui n'avait jamais été bon français, et que s'il était assuré d'être secondé par 7 ou 8 compagnies bourgeoises, il se déclarerait chef des bourgeois contre Balagny. Sur quoi les sieurs Quelleries et Pipart lui répondirent qu'il pouvait compter sur cinq compagnies bourgeoises : 1° celle de Quelleries, 2° celle du capitaine Bodin, 3° celle du capitaine Fiacre Ségard, 4° celle de Nicolas Sart, 5° et celle du capitaine Bouchamt, sous lequel était Pipart. On s'était assuré d'avance du consentement de tous les hommes de ces compagnies. Le capitaine Jacquet ajouta qu'il pouvait aussi compter sur la bonne volonté de ses cavaliers wallons, au nombre de 120, bien armés et pleins de courage. Après quoi fut juré et promis par tous ceux présens que cette entreprise serait consignée dans un écrit, que chacun s'engagerait de gagner des conjurés et les autres compagnies, et qu'ils se tiendraient prêts à marcher à la première réquisition qui leur serait faite, lorsque l'occasion de mettre leur projet à exécution se présenterait. Cette convention était faite et signée, elle se serait effectuée le lundi si Normand eut patienté encore deux heures, comme on verra ci-après.

Reprenons la suite du siége. Le jeudi 28 septembre, pendant la nuit, le colonel La Bourlotte (1) avec ses gens descendirent dans les fossés; ils prirent de vive-force une casemate de bois près de la porte du Mal. Les Français se voyant chargés furieusement entre les deux piliers du fond, abandonnèrent la casemate, quoiqu'il fut facile de s'y soutenir et de la garder, le canon ne pouvant pas l'entamer. Cet exploit du colonel Bourlotte fut très avantageux à ceux du camp, et préjudiciable à ceux de la ville, car par ce moyen l'ennemi se rendit maître des fossés. On fit à cette occasion une chaude alarme qui fut de peu de durée, tant on craignait l'assemblée des bourgeois en armes; elle n'eut d'autre résultat que de brûler quelques gabions en jetant des grenades.

Le vendredi, à la suite d'un conseil, on demanda aux bourgeois douze cents écus; mais il était impossible de les trouver. Les sieurs de Vicq et de Nezi dirent qu'ils en attendaient six mille de St-Quentin et promirent de rendre aux bourgeois leur argent aussitôt que ce secours serait venu; mais les bourgeois ne trouvèrent aucune appa-

---

(1) Ce colonel au service d'Espagne, était un homme habile, et chef de l'artillerie, il était chargé de conduire les travaux du siége; c'est à sa persévérance que Fuentes dût son succès.

rence de vérité dans cette promesse, ni lettres d'assurance de la part du Roi, que cette somme leur serait remise. Balagny n'offrit pas un seul liard du sien et s'excusa en disant qu'il n'avait point d'argent, quoiqu'on était bien assuré du contraire. Le refus des bourgeois était calculé pour faire cesser la circulation de la monnaie de cuivre; les soldats et les pauvres personnes étaient à toute extrémité, ne trouvant rien à acheter avec cette monnaie, qui était tombée dans un tel mépris qu'on donnait 20 patars pour un patar de bon argent. On ne cessait de prendre au logis des bourgeois le peu de blé qui leur restait, pour fournir aux soldats et aux manouvriers.

Le samedi dernier de septembre, on vit du nouveau. Depuis le mardi jusqu'à ce jour, les Espagnols ne tiraient de leurs canons que 3 ou 4 pièces à la volée, afin de rompre nos défenses et la casemate Robert; ils tiraient assez lentement, aussi les bourgeois croyaient qu'ils s'amusaient et ne faisaient aucun dégat. Quelle fut donc leur surprise lorsqu'ils s'aperçurent que toute la casemate Robert était ruinée, au point que ceux du camp pouvaient entrer par là dans la ville. Pendant la nuit il y fut remédié, et la brèche réparée avec force gabions et fumier, si bien que ceux de la ville et du camp recommencèrent à se canonner de plus belle : plus de mille coups de canon furent tirés contre la grande plate-forme de la citadelle, de notre côté une double couleuvrine placée entre la porte du Mal et la tour Marassin faisait beaucoup de mal aux assiégeans et à leurs tranchées.

Le même jour on répandit la nouvelle que le Roi de Navarre approchait avec forces battantes pour nous secourir; on pensa que cette nouvelle était une imposture, afin d'obtenir plus aisément les 1,200 écus demandés. Cependant le bruit de ce secours répété par les favoris de Balagny fut si grand, qu'on prétendait voir l'avant-garde française, déjà arrivée à Haucourt ; mais en regardant la contenance des Espagnols, il était facile de se convaincre qu'il n'en était rien, et que la seule prétention de Balagny était d'introduire d'autres gens dans la ville pour s'en prévaloir contre les bourgeois, qu'il craignait extrêmement, et dont la bonne dame de Balagny se vantait publiquement de faire tomber les têtes. Le dimanche 1er octobre au matin, quelques soldats suisses et autres, démolissant une maison près de la porte du Mal, pour en avoir le bois, prirent si peu de précaution, que la maison croula sur eux ; il y en eut six de tués. Il ne se passait aucun jour sans que 3 à 4 hommes fussent tués ou blessés par la batterie de la Neuville, qui faisait des maux infinis.

Le même dimanche au soir, le sieur Leofre, averti que Balagny, par suite des soupçons qu'il avait conçus, voulait lui faire trancher la tête le lendemain matin, et quoique persuadé qu'il n'y avait aucune preuve contre lui, tant il était sûr de la discrétion de ses amis, fit dire à Pipart et à son bailli de Ligny de venir le trouver sur les sept heures au soir, afin de leur communiquer une affaire importante pour leur salut. L'heure assignée étant venue, il leur dit que Balagny voulait faire tomber sa tête, celle de son frère et celles de Jacquet, de Quelleries et de Pipart, et qu'il fallait prendre des moyens de se soustraire au supplice ; ils n'en trouvèrent aucun. On vint leur dire qu'il entrerait pendant la nuit quelques troupes françaises pour réduire les bourgeois et les soumettre à l'obéissance de Balagny. Ils furent tellement saisis de crainte en apprenant cette nouvelle, qu'ils se regardèrent quelques minutes sans pouvoir se dire un mot. Cependant Pipart rompant tout-à-coup le silence prit la parole et dit : qu'il fallait se résoudre et ne rien craindre, puisque leurs têtes étaient encore sur leurs épaules, qu'il ne croyait pas à l'arrivée du prétendu secours, parce que ceux du camp veillaient de trop près et fermaient si bien les passages qu'il était impossible qu'un secours put entrer en ville, et que sans ce secours Balagny n'oserait attenter sur leurs personnes, d'autant plus que sur la résistance qu'ils feraient, le peuple prendrait les armes en leur faveur, et que Dieu leur serait en aide, attendu qu'ils ne voulaient tuer ni *meurtrier* personne, ni dérober; mais désiraient seulement en venir à un accommodement avec sa Majesté Catholique, et se réconcilier avec Monseigneur le Révérendissime, leur prince naturel. Ce discours ayant rassuré et encouragé les auditeurs, il fut résolu et arrêté entre eux que le lendemain de grand matin, on exciterait le peuple à prendre les armes, ce qui serait promptement exécuté dès qu'on lui nommerait un chef, et que Leofre se déclarerait ouvertement et avec hardiesse chef et capitaine des bourgeois contre Balagny et ses suppôts, qui n'étaient nullement à craindre, puisque notre secours était à notre porte, que le capitaine Quelleries avec sa compagnie et les quatre autres plus proches de la porte de Cantimpré s'empareraient de cette dite porte et de tout ce quartier, qu'ils tiendraient la porte ouverte, tandis que les autres compagnies se rendraient sur le Marché. Après cette bonne résolution chacun se retira chez soi pour prier Dieu, afin que tout réussit selon leurs désirs.

Or, toutes ces choses ne pouvaient se faire qu'avec une grande difficulté; Balagny avait établi une batterie pour empêcher que les bourgeois ne se puissent assembler en armes; il avait défendu pour quelque chose que ce soit, de sonner le tocsin, ni la sence; il avait mis les suisses armés, au nombre de 300, sur le marché avec trois compagnies de cavalerie française et deux compagnies walonnes, armées de leur cuirasse et de leur pique ; et depuis le premier lundi où les bourgeois avaient essayé de se soulever, il avait posé entre deux corps-de-garde de bourgeois un corps-de-garde de français, lesquels, lorsqu'ils voyaient quelques bourgeois monter sur le rempart, épiaient avec prestesse leurs démarches et leurs paroles, pour en rendre compte à Balagny, qui ne fit plus monter la garde qu'à 50 bourgeois à la fois, au lieu de la compagnie entière.

Mais le lundi 2 octobre, dès le matin, aussitôt que le peuple entendit le canon, il se hâta de prendre les armes de son propre mouvement ; les capitaines enchantés de cet élan populaire, entraînèrent tous ces hommes armés sur le marché, tandis que les compagnies désignées s'emparaient de la porte de Cantimpré. Le sieur Leofre se rendit au marché où était Balagny ; après avoir causé ensemble quelques instans, Leofre le quitta pour se réunir aux bourgeois, qui commençaient déjà à s'arranger en bataille avec leurs enseignes ; il se déclara chef et capitaine des Cambresiens, et qu'il vivrait ou mourrait avec eux. Cette déclaration étant annoncée dans les compagnies, excita le courage général ; en un instant plus de 800 bourgeois armés quittèrent leurs corps-de-garde pour venir sur le marché, avec la bonne volonté de se défendre et de bien frotter les français, si l'occasion s'en présentait. Les deux compagnies de cavalerie walonne, sous les ordres du capitaine Jacquet, vinrent se joindre aux bourgeois et se mirent en bataille derrière les 300 suisses, qui formaient un escadron entre la Chapelette et la rue de l'Arbre-d'Or, ils furent par ce moyen tenus en bride, ce qui rassura fort les bourgeois. En ces entrefaites, la dame de Balagny, se défiant des Suisses, qui murmuraient depuis long-tems parce qu'ils n'étaient pas payés, vint se présenter aux soldats, leur montrant bon nombre de pièces d'or, que l'une de ses favorites portait dans son giron, elle leur en offrit en paiement, mais ils les rejetèrent.

D'autre part les bons bourgeois du quartier de Cantimpré, sous le capitaine Baudon Quelleries, Fiacre Ségard, avec d'autres bourgeois de diverses compagnies, s'étant emparés de la porte Cantimpré, barricadèrent vaillamment le grand pont de pierre, celui de la tour aux Arquets et le pont Amoureux (1).

Les bourgeois qui étaient sur le marché en firent autant; ils barricadèrent toutes les avenues et principales rues du marché avec force chariots, bancs, tables, sommiers, et placèrent deux canons pour tirer vers la porte Robert et la place au Bois, comme étant les premières issues par où ils pouvaient être assaillis des Français. Ces préparatifs étant achevés, les bourgeois se crurent en parfaite sûreté.

A la vue de ces défenses exécutées en moins d'une heure, Balagny resta stupéfait, car les barricades ne lui permirent pas d'exécuter le dessein qu'il avait formé, de venir avec sa cavalerie enfoncer les bourgeois, et de les exterminer de concert avec les suisses, qui se trouvaient eux-mêmes entre deux feux.

Le sieur du Fagnolet, pour faire cesser l'inquiétude que donnait cette troupe ennemie au milieu des bourgeois, s'approcha des chefs, leur remontra qu'on ne leur voulait aucun mal, ni à leurs soldats, que si les bourgeois prenaient les

(1) Le pont et la tour des Amoureux étaient situés dans l'emplacement de l'ancien abattoir, près de la porte de Cantimpré.

armes c'était pour se mettre en liberté, et pour secouer le joug tyrannique de Balagny, joug qui n'était plus supportable, qu'eux-mêmes étaient témoins des vexations continuelles dont on accablait les bourgeois et qu'ils devaient approuver la résolution que ceux-ci avaient prise. Le sieur Fagnolet parla avec tant d'éloquence et de persuasion que les Suisses promirent de ne prendre les armes, ni contre les bourgeois, ni pour Balagny, en conséquence ils levèrent leurs piques droites et se tinrent ainsi en armes jusqu'à onze heures, pendant que les canons placés en batterie tiraient continuellement et empêchaient les français d'approcher.

Balagny s'étant retiré près de la brasserie de l'Arche, on députa vers lui le sieur Fagnolet, qui lui dit en termes polis, mais avec beaucoup de fermeté, que les bourgeois désiraient entrer en accommodement avec sa Majesté Catholique, et que tous ses efforts pour s'y opposer seraient inutiles. Balagny fit plusieurs remontrances, et voyant que son babil ne séduisait pas le sieur Fagnolet, il requit de la patience jusqu'au lendemain, mais on refusa absolument d'acquiescer au moindre retard, car on savait bien qu'il ne cherchait qu'à amuser le peuple, pour s'en jouer après, et le châtier comme il l'entendait. Il ajouta: qu'on ne saurait moins faire que de soutenir un assaut, ne serait-ce que pour l'honneur d'une place aussi forte que celle de Cambrai, et pour le sien et celui du sieur de Vicq, qui passeraient pour des lâches s'ils se rendaient sans combattre, ayant parmi eux un jeune prince, l'un des plus grands de la France, que cet assaut soutenu on aurait une capitulation plus avantageuse pour tout le monde. Tous ces raisonnemens ne persuadèrent aucunement les bourgeois; ils persistèrent à demander et vouloir un appointement sans attendre un assaut, d'autant plus qu'ils considéraient que les Français voulaient acquérir de l'honneur sans se soucier beaucoup du salut et de la ruine des bourgeois, ayant près d'eux la citadelle, où ils trouveraient une bonne et sûre retraite s'ils étaient trop faibles.

Leofre avec quelques bourgeois ayant constaté que la brèche était déjà très apparente et serait praticable si la batterie continuait encore quelques heures. Il fut résolu d'envoyer vers son excellence des personnages et bourgeois qualifiés, afin de traiter un accommodement. On députa le sieur du Fagnolet et le sieur de Bernimicourt, Ecuyer-Prévot de la ville, avec charge expresse de s'adresser à M. le duc d'Arschot auquel les bourgeois se recommandaient très humblement, et qu'il lui plut prendre leur cause en main.

D'après cette décision, MM. du Fagnolet et Bernimicourt sortirent de la ville par une corde attachée au rempart près de la tour au Caudron; car il eut été trop long de passer par la porte de Cantimpré. Comme les députés se rendaient à Niergnies pour aller trouver le duc d'Arschot, ils rencontrèrent le prince d'Aveline, napolitain, qui, sachant l'objet de leur mission, les fit rebrousser chemin pour les conduire à son Excellence, auprès duquel était déjà arrivé un nommé Philippe le Lardier, avec d'autres bourgeois sortis par la porte de Cantimpré. Lardier avait commencé une harangue en langue italienne, disant : que les bourgeois avaient pris les armes contre les Français, s'étaient rendus maîtres d'eux, avaient contenu les Suisses, et suppliaient d'être reçus à faire un accommodement avec sa Majesté catholique, ce qui fut confirmé par du Fagnolet et Bernimicourt.

Son Excellence condescendant à la demande des Cambresiens, envoya à Cambrai pour faire le traité et accommodement, messire Louis de Stavelo, le comte de Hardi, le sieur de Glacon, cousin du sieur de Leofre et le sieur de Stevene Guerari, secrétaire de sa Majesté, lesquels sans demander ôtages ni sûreté de leurs personnes, entrèrent dans la ville avec les susnommés bourgeois et députés. Parvenus à l'Hôtel-de-Ville, il fut fait et dressé un traité, succinctement écrit en la forme suivante :

1° Que sa Majesté catholique recevrait la ville de Cambrai en sa protection pour la maintenir et entretenir en toutes ses anciennes coutumes ;

2° Quelle pardonnait à tous et aux biens ;

3° Qu'il n'y aurait aucune garnison dans la ville, lorsque l'ennemi serait hors du pays ;

4° Que ceux qui voudraient se retirer pourraient le faire pendant quatre mois ;

5° Qu'on leur laisserait la faculté de vendre et transporter leurs biens ;

6° Que les soldats wallons jouiraient du bénéfice de ce traité.

Ce qui occasionna d'être si bref dans cette affaire, c'est que l'artillerie espagnole, qui avait cessé de tirer lorsque les bourgeois étaient parvenus au camp, recommençait à tirer sans relâche ; aussi se hâta-t-on de faire signer son Excellence et les autres seigneurs. Ce qui avait occasionné cet incident, c'est que les Français s'étaient amusés à tirer des coups d'arquebuse sur ceux du camp, et avaient tué quelques gentilshommes ; toutefois, après la signature du traité, la batterie cessa son feu. Les Français avaient imaginé ce moyen pour épouvanter les bourgeois et les engager à se défier des Espagnols, ou bien afin qu'il se fît quelque division entre eux, espérant que leurs affaires en iraient mieux.

Pendant que nos députés étaient allés trouver son Excellence, Balagny envoya deux de ses hommes vers les bourgeois, pour qu'ils lui voulussent envoyer deux députés, pour aviser ensemble les moyens de faire un accommodement avec son Excellence sans se délaisser les uns les autres, car il ignorait que les bourgeois travaillaient déjà pour eux. On désigna Pipart pour aller parler à Balagny; il ne voulut pas y aller seul, et prit pour son compagnon le capitaine André Dollet. Arrivés un peu au-dessous de la citadelle, le sieur de Biens, maître d'hôtel du duc de Rhetelois, et le sieur de Joignies vinrent les trouver, et incontinent arriva Balagny avec une fort pâle et triste figure. Il commença un long discours (1) plein de jactance et de menaces, il dit que si les bourgeois cessaient de faire cause commune avec lui, il ferait un traité tout à son avantage avec les Espagnols, et qui leur serait si préjudiciable qu'ils deviendraient les plus misérables de la terre, que déjà il était en terme pour ce traité, que pour le conclure le comte de Bucquoi et don Augustin Messia étaient venus dans la citadelle, et qu'il leur montrerait les lettres du traité. Les députés s'apercevant de la fourberie de Balagny et devinant qu'il les excitait à entrer dans la citadelle pour les retenir prisonniers et se servir de leurs personnes, pour améliorer ses affaires, Pipart lui répondit : qu'il leur était expressément défendu d'entrer dans la citadelle, et que s'il trouvait bon de faire venir les seigneurs dont il venait de parler il pouvait bien les engager de descendre jusqu'au pied du pont, qu'ils rapporte-

---

(1) Pendant que Balagny tenait de beaux discours au peuple, la dame de Balagny, femme d'un courage mâle, arriva aussi sur la place, la pique à la main. Elle se mit à haranguer à son tour ; mais sa présence excitait le tumulte, loin de l'appaiser, et elle eut bien de la peine à échapper à la fureur du peuple, qui pensa la lapider et qui l'obligea de se retirer.

(Hist. de L. de Berlaymont, Mss.)

raient à leurs confrères les bourgeois tout ce qui aurait été convenu entre eux, afin qu'ils jugent si cet accord leur plaisait. Enfin Balagny se décida à se présenter au-dessus de la citadelle avec trois ou quatre gentilshommes pour communiquer avec les députés, sous la condition qu'ils iraient chercher deux ou trois autres bourgeois, une affaire de cette importance devant être traitée avec plus de deux personnes. Les gentilshommes de Balagny, pour donner plus de sécurité aux bourgeois, accompagnèrent les députés; mais, lorsqu'en approchant du marché, ils virent les habitans de la ville porter l'écharpe rouge, et les entendirent crier vive le Roi d'Espagne, ils s'enfuirent vers la citadelle et rapportèrent ce qu'ils avaient vu à Balagny et à sa femme, qui faillit mourir de désespoir.

Après que le traité entre les bourgeois et son Ex. le comte de Fuentes, eut été signé, et que la batterie de la porte du Mal eut cessé de tirer, son excellence fit entrer dans la ville 8 à 900 hommes de diverses nations, pour soutenir les bourgeois et empêcher que les Français et leurs partisans ne se jetassent sur eux, et fissent quelqu'autre mal à la ville; c'était surtout les soldats et les français huguenots qu'on redoutait; ils avaient juré de mettre la ville à feu et à sang, et avaient abandonné la défense de la brèche pour réaliser leur dessein; mais les compagnies bourgeoises jointes aux troupes étrangères, les refoulèrent jusques dans la citadelle, et son excellence donna de si bons ordres que chacun demeura paisible, sans rien attenter les uns sur les autres.

Cependant la gendarmerie française qui était logée en ville dans les maisons les plus près de la citadelle, commença à piller et à faire des actes d'hostilité, de quoi étant averti, Don Augustin fit avancer ses gens vers ce quartier, lesquels rembarèrent lesdits français en la citadelle à grands coups d'arquebuse, sans que de leur part fut tiré un seul coup.

Vers le soir d'autres troupes entrèrent encore dans la ville et allèrent se camper dans les rues les plus près de la citadelle. Les bourgeois et les gens de bien eurent une grande joie de se voir quitte de la servitude de Balagny, et que le tout soit venu à une si bonne fin, sans effusion de sang humain. Il n'y eut dans ce beau jour que le capitaine Quelleries qui perdit la vie par le dernier coup de canon que tirèrent ceux du camp du côté de la Neuville; il était sur la tour, assez près de celle de Cantimpré, montrant une écharpe rouge à ceux de la Neuville, pour leur faire comprendre que la paix était faite.

Son excellence fit sommer la citadelle de se rendre (1). Balagny demanda une trêve jusqu'au

---

(1) Les Français s'étant retirés dans la citadelle, bien résolus de s'y défendre, s'aperçurent bientôt de l'impossibilité où ils étaient de s'y soutenir long-tems, parce qu'ils n'y trouvèrent aucune des provisions nécessaires; il n'y avait même du blé que pour deux jours. Cet inconvénient, auquel ils ne s'étaient pas attendu, provenait de la faute de la dame de Balagny, qui, par un effet de son imprudence et de son avarice, avait fait vendre secrètement et à l'insçu de son mari, tout ce qu'il y avait de munitions et de grains dans les magasins. L'appât du gain l'avait séduite, la cherté du pain pendant le siége et la disette où la ville se trouvait de toutes choses, lui firent envisager un profit considérable dans la vente du blé, dont elle ne croyait pas avoir besoin. Elle s'en défit à haut prix. Plusieurs bourgeois attachés à l'archevêque, connaissant l'avidité de la dame de Balagny, avaient imaginé ce stratagème; ils s'étaient unis pour faire cet achat, et firent peu à peu transporter en cachette, dans leurs greniers, tous les blés de la citadelle. Le comte de Fuentes fut surpris agréablement quand il fut informé de ce détail. Il envoya le len-

jeudi à midi, et continuée jusqu'au vendredi soir qu'il fit un traité avec son excellence sous la condition expresse que lui et la garnison quitteraient la citadelle le lundi après-midi ; il obtint un traité très avantageux (2).

---

demain sommer les assiégés de se rendre et de sortir de la citadelle, avant qu'il se donnât la peine de placer son artillerie pour la forcer. Se voyant absolument hors d'état de résister, ils acceptèrent les offres qu'on leur faisait d'une capitulation avantageuse.

(Vie manuscrite de Louis de Berlaymont.)

(2) Voici les conditions de la capitulation proposée par les assiégés :

Que la citadelle de Cambrai serait ès-main de Fuentes avec toute l'artillerie et les munitions de guerre.

Que le comte de son côté s'obligerait à faire démanteler dans six jours le château de Clary, dont les troupes espagnoles s'étaient emparées depuis peu,

Que le duc de Rhetelois, le maréchal de Balagny, De Vicq et les autres seigneurs, capitaines, gentilshommes, officiers et soldats, de quelque nation qu'ils fussent, pourraient librement sortir de Cambrai, marcher en ordre, balle en bouche, mèche allumée, enseignes et cornettes déployées, et que même pour cela, on leur rendrait encore toutes celles qui se trouveraient dans la ville, qu'ils sortiraient trompettes sonnantes et tambour battant,

Que l'on rendrait les armes, chevaux et bagages qui resteraient dans la ville, et que s'il manquait quelque chose, il serait payé de bonne foi, suivant l'estimation qu'en feraient les sieurs de Rono, Augustin Messia, Buchi et de Vicq,

Que semblablement la dame de Balagny et toutes les autres dames, avec aussi les femmes et enfans, les malades, les blessés, les valets et autres gens de suite, pourraient sortir sans aucun empêchement,

Que tous les prisonniers de guerre seraient mis en liberté sans rançon,

Le lundi 10ᵉ d'octobre, vers les trois heures après midi, son excellence, accompagnée de toute sa noblesse du camp, vint se présenter à cheval à la porte derrière la citadelle, toute l'armée s'étant mise auparavant en bataille entre le village de Niergnies et Awoingt; toute l'infanterie des quartiers de Cantimpré, Proville et Prémy était en bataille au desséré des ravins vers Ramillies, et toute la cavalerie, en très bon équipage, était posée par escadron au long du chemin qui va vers la citadelle et Escaudœuvres.

A trois heures après-midi, Balagny sortit de la citadelle avec des armes toutes dorées, suivi d'un page portant son bâton de maréchal semblable aux armes. Le duc de Rhetelois, accompagné de 50 hommes très bien armés, fut accueilli très respectueusement par son excellence, qui lui fit tous les honneurs possibles. Après sortirent 120 chariots chargés d'armes et de bagages, lesquels étaient suivis de beaucoup d'infanterie française avec environ 300 chevaux. Il sortit 13 ou 1400 hommes de guerre, sans compter les Suisses, qui pouvaient être environ 300. Toutes les troupes françaises furent suivies de 2,000 hommes à che-

---

Que les dettes et obligations contractées par le seigneur de Balagny, pour raison de la monnaie, ou pour tout autre cause que ce puisse être, seraient aussi remises et abolies, sans que pour raison de ce, on pût par la suite l'inquiéter en aucune façon, ni retenir ses bagages,

Que tout ce que le maréchal, sa femme, ses enfans, les capitaines, officiers ou serviteurs auraient fait par le passé, serait absolument assoupi et pardonné, sans pouvoir être par la suite recherché, soit de la part du Roi catholique ou de la bourgeoisie de Cambrai.

Ces conditions furent conclues, signées et arrêtées le septième jour d'octobre 1595, et s'exécutèrent deux jours après.

(Davila, liv. 15. Balique et Cotolendy, manusc.)

val, tant Espagnols que des Pays-Bas ; ils passèrent au pont d'Aire pour se rendre à Marcoing où ils gîtèrent. Là son excellence fit faire au duc de Rhetelois un grand, très beau et très magnifique banquet.

Le lendemain mardi, ils allèrent coucher à Péronne, toujours conduits par la cavalerie espagnole jusques assez près des frontières de France.

A Péronne, on fit un grand accueil au jeune duc et au seigneur de Vicq, mais on ne fit pas plus attention à Balagny qu'au plus simple soldat; il n'eut pour se loger avec son train que deux chambres à l'hôtellerie du chef. Toutes ses armes et ses gros bagages furent jetés sur le marché ; cela lui devait bien tourner à dépit et vergogne, vu que 6 ou 8 jours avant on l'honorait comme un roi, et qu'à ce moment il était réduit à moins d'estime et de réputation que le plus abject du pays.

J'ai laissé dire que durant ledit siége il s'est tiré 16,000 coups de canon de la part des assiégeans, et 8,000 de la ville.

Voilà, amis Cambresiens, ce qui s'est passé au siége de Cambrai en ma présence.

NOTA. Je ne veux point omettre les grandes adversités dudit Balagny. Outre le déshonneur d'avoir perdu le titre de prince de Cambrai qu'il avait usurpé avec les plus grands de la ville (dont les noms ne sont pas ici, mais pour cause) ; toutefois cette qualification de Monseigneur le prince, était plus entendu dans les rues que le saint nom de Dieu. Outre, dis-je, la honte de quitter la place de Cambrai, voici un autre mal, car pensant être consolé par la princesse sa femme, lui-même avait besoin d'être consolé, car on disait que ladite princesse était morte à demi enragée

(1), et de fait, le jeudi avant la dernière sortie, elle mourut. Son corps fut emmené dans un cercueil de plomb sur un chariot ; je crois qu'elle était assez bien embaumée. Ledit corps fut conduit par deux curés français, celui de St-Georges

---

(1) Il y a tant de versions sur la mort de Mad. de Balagny, qu'il est assez difficile de lui assigner une cause positive. Nous citerons quelques auteurs qui en ont parlé.

— La dame de Balagny, au désespoir de perdre sa principauté, et accablée de honte de voir que c'était par sa faute et par sa négligence que l'on avait été forcé de rendre la citadelle, s'abandonnant au chagrin et à la douleur, refusa de prendre aucun remède, ni même aucun aliment, sortit misérablement de cette vie le 8 octobre 1595, avant que l'heure de partir de Cambrai fut arrivé.

(Manuscrit 883 de la Bib. de Cambrai.)

— Montluc de Balagny avait épousé Renée de Clermont d'Amboise, femme au-dessus de son sexe. Cette héroïne, après avoir défendu la ville de Cambrai, en 1595, comme l'aurait pu faire le capitaine le plus brave et le plus expérimenté, mourut de douleur avant la fin de la capitulation, qu'on était sur le point de signer.

(Nouveau Dict. hist. tome 4.)

— Les Espagnols reprennent Cambrai et en chassent Balagny, qui parut assez insensible à la perte de sa principauté ; le déplaisir qu'en eut sa femme, sœur du brave Bussi, lui coûta la vie.

(Hist. de France du président Hénault.)

— Vous avez vu ces jours passés Mad. de Balagny, vraie sœur de Bussy. Quand Cambrai fut assiégé, elle fit tout ce qu'elle put d'un cœur brave et généreux pour en défendre la prise. Mais après s'être envain évertuée par tant de sortes de défenses qu'elle put, voyant que c'était fait et que la ville était à l'ennemi et en sa puissance, et la citadelle s'en allait de même, ne pouvant supporter ce grand crèvecœur de déloger de sa principauté, elle creva de dépit et de tristesse dans sa place d'honneur.

et celui de Ste-Croix, qui avaient été établis par Balagny ; car un an et demi auparavant sa malheureuse sortie, il avait chassé hors de la ville, tous les pasteurs de plusieurs paroisses, ceux de St-Georges, de Ste-Croix, de St-Vaast, de St-Géry, de Ste-Élisabeth, le liseur de St-Paul, français, avec deux de leurs confrères, savoir : un nommé Jacques-Philippe Harduin et Philippe Souquet. Balagny avait chassé les curés et prédicateurs parce qu'ils ne voulaient pas recommander en leur prédication le Roi de Navarre, encore hérétique.

Il est maintenant question de traiter de l'état calamiteux de cette pauvre ville de Cambrai, laquelle était affligée non-seulement des fléaux de

---

Aucuns disent qu'elle se donna la mort, ce qu'on trouvait pourtant être plutôt acte payen que chrétien ; tant il y a qu'il la faut louer de sa grande générosité et de la remontrance qu'elle fit à son mari à l'heure de sa mort, quand elle lui dit : *Que te reste-t-il Balagny de plus vivre après ta désolée infortune, pour servir de risée et de spectacle au monde qui te montrera au doigt. Sortant d'une si grande gloire où tu t'es vu haut élevé, pour retomber dans une basse fortune où tu t'es préparé, si tu ne fais comme moi. Apprends donc de moi, apprends de ton épouse à bien mourir et à ne survivre point à ton malheur, et à la dérision.* C'est un grand cas, ajoute cet écrivain, quand une femme nous apprend à vivre et à mourir.

(Brantôme, dames galantes, tome 2, p. 391.)

Dans les Bigarures du sieur Desaccors Ed. de 1648, on trouve une épitaphe louangeuse de Mad. de Balagny, qui se termine par ces vers :

Mais cet astre nouveau, ce cœur plein de victoire,
A mieux aimé mourir que survivre à sa gloire.

La femme de Balagny soutenant son rang, mourut en héroïne et en souveraine, au moment où elle vit rendre la citadelle, sous les ruines de laquelle Renée d'Amboise eut désiré que son mari s'ensevelit avec elle.

(Emile Dibos, précis hist. sur la ville de Cambrai.)

la guerre, de la cherté des vivres, de l'absence de gagnage; mais voici qu'une fièvre ardente atteignit un grand nombre de personnes; on n'était pas fort long-tems malade et on mourait comme gens idiots et hébétés. Cette maladie pestilentielle ne se peut raconter sans larmes; le nombre de peuple qui en mourut à Cambrai est énorme. Il y eut un moment où l'on comptait 800 maisons pestiférées, et pendant plusieurs jours il mourait jusqu'à 100 et 120 personnes (2). Joignez à cela les soldats qui étaient en garnison. Le comte de Fuentes avait nommé don Augustin Messia gouverneur, et lui avait laissé un régiment espagnol de 22 compagnies ou enseignes, 800 soldats walons du régiment de M. de la Bourlotte, gens qui se

---

Rénée d'Amboise ne put supporter la chute de son mari. A peine eut-elle appris la reddition de la citadelle, que, transportée de rage, elle accabla son époux de ses imprécations, et résolut de ne pas survivre à un tel affront, elle voulut se percer d'une épée; un chanoine qui se trouvait près d'elle l'en empêcha. L'horreur d'être déshonorée l'emporta sur toute autre considération, et le surlendemain elle avait cessé de vivre. Quelques historiens prétendent qu'elle mourut dans un accès de désespoir, d'autres disent qu'elle ne voulut point que l'on arrêtât son sang qui coulait d'une saignée qui lui avait été faite. Telle fut la fin de cette femme que l'on pourrait à juste titre mettre au rang des premières héroïnes, si quelques défauts n'avaient terni la gloire qu'elle s'était acquise. On l'avait vue, pendant le siége, exciter les soldats à la plus vigoureuse résistance, payer elle-même de sa personne et mettre le feu au canon qu'elle dirigeait contre l'ennemi. Les Français emmenèrent son corps lors de leur sortie de la citadelle; il fut porté sur un char couvert de drap noir.

(A. F. Hurez, précis hist. sur Balagny, etc.)

M. Eugène Bouly a intercalé cette dernière version dans une charmante nouvelle intitulée: *Fin du règne de Balagny*, insérée dans le premier volume de la Revue Cambresienne.

(2) Cette maladie se prolongea pendant deux ans.

comportaient comme anges cornus, et pour achever, quatre autres compagnies de hauts bourguignons qui faisaient rage; aussi l'on n'entendait parler que de larcin, volerie et autres choses semblables.

C'était une chose très pitoyable à voir, l'abattement et la ruine de plus de 600 maisons devant la citadelle pour faire une place d'Armes.

Dieu veuille consoler les pauvres affligés !

Fin du manuscrit du moine de St-Sépulchre.

D'après le récit qu'on vient de lire, on voit que les Cambresiens livrèrent eux-mêmes leur ville aux Espagnols, et que dans le traité qu'ils firent, le nom de l'archevêque n'est pas mentionné. Cependant le siége avait été entrepris et continué d'après les prières de Louis de Berlaymont, il avait fourni un contingent considérable en hommes et en argent, c'était pour recouvrer sa souveraineté qu'il s'était fait aider par les Espagnols et que ses partisans intriguaient dans la ville en sa faveur; mais la majeure partie des habitans de Cambrai craignait son retour, et préférait un souverain puissant à un prêtre obligé de recourir aux étrangers pour affermir sa domination. Voilà pourquoi les Cambresiens jugèrent à propos de se donner un autre maître, et qu'en offrant au Roi d'Espagne la souveraineté de leur ville, ils usèrent d'un droit naturel que le clergé seul a contesté. En acceptant l'offre des Cambresiens, le Roi d'Espagne n'était point un usurpateur, car l'usurpation est une injustice, un acte de violence, et ce Roi n'avait ni prévu, ni influencé la détermination des Cambresiens, et lorsque Louis XIV s'empara de Cambrai, il se crut bien légitimement possesseur de la souveraineté de la ville et rejeta les réclamations des archevêques, en consacrant le droit du peuple.

Voici comment les historiens de Louis de Berlaymont racontent cet important événement de l'histoire de Cambrai :

Le comte de Fuentes avant de quitter Cambrai, rétablit l'archevêque, lui remit le gouvernement de sa ville et duché de Cambrai, pays et comté du Cambresis (1).

Louis de Berlaymont fit battre alors de nouvelles monnaies, avec ses armes d'un côté et les trois lions du Cambresis de l'autre (2). Ce prince avait été si long-tems absent de la ville, qu'il y était en quelque sorte étranger; aussi ne fut-il accueilli que par la populace, qui croit toujours gagner à un changement. Le grand bailli du Cambresis, les prevot, échevins et magistrats de la ville de Cambrai, qui étaient en charge lorsque cette place capitula, étaient tous de la création de Balaguy. Ils craignirent que si l'archevêque recouvrait ses droits, et principalement celui de créer les magistrats, il ne les destituât pour les punir de leur félonie (3). Leurs appréhensions étaient d'autant plus fortes qu'ils sentaient qu'elles étaient bien fondées. La plupart s'étaient livrés au tyran et avaient été les ministres de toutes les cruautés exercées dans la ville, contre l'archevê-

---

(1) Il est bien évident que l'Espagne n'avait formé aucun projet sur la souveraineté du Cambresis, puisqu'elle la remit entre les mains de celui qui la possédait avant l'usurpation de Balagny.

(2) Il y en a beaucoup en cuivre rouge, mais quoiqu'il y en ait aussi de cette fabrique en argent et en or, il est fort rare d'en trouver.

(3) Cette expression n'était pas applicable aux magistrats créés par Balagny. Ils n'avaient rien promis à Louis de Berlaymont, et s'il y avait félonie de leur part, c'était envers celui qui les avait placés, et auquel ils avaient fait serment de fidélité.

que et le clergé, les places même qu'ils occupaient étaient une récompense de leur infidélité pour leur prince.

Les plus coupables, c'est-à-dire les principaux de la ville, concertèrent ensemble les moyens de prévenir le coup dont ils se sentaient menacés. Dans plusieurs assemblées secrètes qu'ils firent chez le grand bailli du Cambresis et chez le prévot de la ville, ils convinrent facilement que le plus sûr moyen de se maintenir dans leurs charges, était de dépouiller l'archevêque du droit d'en disposer, en le transférant au Roi d'Espagne, avec la souveraineté de Cambrai. Il fallut imaginer des prétextes, ceux qui plurent davantage étaient que l'archevêque ne pouvait, par ses seules forces temporelles, conserver ses états, secondement que le titre de protecteur ne pouvait suffire au Roi d'Espagne, pour empêcher de retomber dans les malheurs dont on venait d'être délivré par ses armes, parce que la pluralité des princes est une occasion de troubles.

Sitôt qu'on eut fait ouverture au comte de Fuentes de ces projets flatteurs pour un ministre victorieux, qui cherchait l'occasion de réparer par l'acquisition d'une nouvelle province, les pertes que l'Espagne faisait du côté de la Hollande, il ne se fit pas un scrupule d'accepter ce qu'on lui offrait. De pareilles raisons parurent cependant bien frivoles.

« Les archevêques de Cambrai s'étaient main-
» tenus pendant plusieurs siècles sans le secours
» de personne (1), et n'avaient point eu besoin de

---

(1) Cette assertion est démentie par l'histoire de Cambrai; plusieurs prélats durent recourir à différens princes pour se maintenir sur le trône épiscopal; je citerai : 1° Berengaire, nommé à l'évêché de Cambrai en 957, qui demanda des secours contre les Cambresiens à l'empereur Othon et au comte de Flandre, et s'en servit pour décimer les bourgeois;

» protecteurs. C'était cette protection qui avait
» causé leur perte, puisque c'était par l'impru-
» dence du baron de Licques, qui gouvernait
» pour le Roi d'Espagne dans la citadelle, que les
» archevêques s'étaient vus bannir de leurs états.
» Ils ne devaient pas tant s'embarrasser à cher-
» cher des prétextes. La raison du plus fort est
» toujours la meilleure, et quoique ce fut aux
» frais de l'archevêque et des provinces, dont il
» avait sollicité et réuni des secours puissans d'ar-
» gent et d'hommes, que le siège de Cambrai eut
» été fait, on n'a point été surpris de voir faire le
» partage du Lion chasseur de la fable. Le Roi
» d'Espagne était le tuteur, il avait une belle oc-
» casion de dévorer son pupille, son ministre ne
» la laissa pas échapper. »

Le 16 octobre 1595, les grand bailli du Cambresis, prévot, échevins et magistrats, avec quelques-uns des plus notables de la ville de Cambrai,
s'assemblèrent en leur consistoire pour faire sur
ce sujet une délibération. Quoiqu'elle fut concer-
tée avant de s'y rendre, on ne s'accorda pas aussi

2° Gérard II, neveu et successeur du vertueux Liébert, en 1076, implora l'intervention de l'empereur, des comtes de Flandre et de Hainaut, pour entrer à Cambrai, sous des conditions qu'il ne tint pas. Il fit tuer par ses hommes d'armes un grand nombre de bourgeois, et força les autres de renoncer à la commune ;

3° Jean de Béthune, évêque en 1200, ne put se maintenir sur le siège épiscopal que par la protection des empereurs Othon et Frédéric ;

4° Godefroy de Fontaine, successeur du précédent en 1219, eut recours à la même puissance pour soumettre les bourgeois de Cambrai ;

5° Nicolas de Fontaine, évêque en 1248, ne put maîtriser les bourgeois de la ville, malgré l'intervention de l'empereur Richard, etc., etc.

facilement qu'on se l'était imaginé. Ceux qui conservaient encore quelqu'attachement pour leur archevêque, représentèrent fortement que les sujets n'étaient pas les maîtres de disposer ainsi de la souveraineté de leur prince, et de se libérer de leur serment de fidélité envers lui, pour se lier avec un autre prince par de nouveaux engagemens, non contents d'avoir fait insérer dans le préambule du procès-verbal qu'ils dressèrent de cette assemblée, qu'ils délibéreraient de se mettre aux mêmes droits de subjection envers le roi d'Espagne, qu'ils étaient auparavant à l'endroit des archevêques, ils firent ajouter que c'était dans la confiance que l'archevêque serait content que la souveraineté de Cambrai passât à sa majesté Catholique, et parce que cette délibération était d'une trop grande conséquence. Ceux qui voulaient servir l'archevêque trouvèrent moyen de la faire remettre au lendemain, sous prétexte de convoquer une assemblée générale composée d'un plus grand nombre de bourgeois (1). Tout le soir se passa en allées et venues, et chacun tâcha de fortifier son parti pour le lendemain.

Le comte de Fuentes agissait sourdement (2),

---

(1) On convoqua à cette assemblée tous les bourgeois, habitans, gentilshommes, marchands et autres, pour connaître leur avis. Le 17 octobre, huit heures du matin, ils approuvèrent à l'unanimité les propositions de la veille.

Il est donc bien constant que tous les habitans de Cambrai s'unirent pour donner à l'Espagne la souveraineté de leur ville, qu'ils n'y furent aucunement contraints, et que si le droit des nations de s'élire un roi n'avait été consacré par l'élévation de Pepin, par celle de Hugues Capet, tous les deux élus par le suffrage unanime des Francs, la délibération des Cambresiens aurait été annulée par les autres souverains de l'Europe, qui auraient dénié le pouvoir du peuple.

(2) Tous les historiens contemporains s'accordent à vanter

et le *peu de gens* qui étaient dévoués à l'archevêque ne pouvant l'emporter sur le grand nombre, il fut résolu à la pluralité des voix dans cette seconde assemblée d'aller à l'instant en corps trouver le comte de Fuentes pour le supplier d'accepter et de retenir, au nom et pour le roi d'Espagne, l'institution et destitution des magistrats et généralement la souveraineté, seigneurie et autorité temporelle de la ville, cité et duché de Cambrai avec toutes ses dépendances et appartenances, et de les accepter pour fidèles SUJETS, en les conservant dans les mêmes droits, franchises et immunités qu'ils avaient auparavant sous les archevêques, leurs princes souverains, en leur donnant tel dédommagement qu'il conviendrait.

Le conseiller pensionnaire fut chargé de faire la harangue et de présenter en même tems au comte neuf articles qu'ils le priaient d'accorder avant son départ de la ville, pour prévenir toutes les contestations qui devaient naître d'un changement de domination si subite.

Le comte n'accepta la souveraineté et n'accorda les articles que le 22 d'octobre; mais comme il craignait d'être blâmé de cette usurpation, disent les historiens de Louis de Berlaymont, il inséra cette clause dans son apostille sur les requêtes. *Le tout sous le bon vouloir de Sa Majesté* (1).

L'archevêque ne fut pas plutôt informé des démarches des magistrats qu'il publia, quatre jours

---

la loyauté de Fuentes et son désintéressement, c'est donc à tort que MM. Balique et Cotolendy l'accusent de sourdes menées.

(1) Dupont ne parle point de cette clause; les historiens de Cambrai disent simplement que: le 22 octobre 1595, le comte de Fuentes, au nom de Philippe II, roi d'Espagne, accepta la souveraineté temporelle de Cambrai, que les habitans venaient de déférer à ce monarque.

après, un manifeste par lequel il se plaignait au roi d'Espagne lui-même, de ce qui s'était fait par son ministre, « lui protestant que ceux de Cam-
» brai n'avaient pu, sans se rendre coupable du
» crime de lèze-majesté envers l'empereur et de
» félonie envers lui, comme leur prince et leur
» souverain, donner au Roi catholique d'autres
» droits et d'autres titres que ceux de protecteur
» de Cambrai et du Cambresis. »

L'église métropolitaine de Cambrai, qui n'avait pas moins à cœur la conservation de la souveraineté, que l'archevêque même, fit aussi le lendemain, par un acte capitulaire, les mêmes protestations contre les entreprises du comte de Fuentes, et déclara qu'il adhérait au manifeste publié par l'archevêque et se résolut dès-lors de faire tout au monde pour avoir justice de cette usurpation.

Toutes les protestations du clergé furent mises au néant, le Roi d'Espagne garda la souveraineté de Cambrai, et lorsque Louis XIV s'empara de cette ville, les archevêques revendiquèrent inutilement leurs anciens droits; le Roi se crut duement autorisé à joindre sa conquête à son royaume. Louis XV rejeta également les réclamations des archevêques, et depuis cette époque Cambrai ne fut plus un état particulier.

Si l'on en croit les historiens de cette ville, les habitans ne gagnèrent pas au changement de domination. Voici ce qu'ils disent :

« Louis de Berlaymont ne cessa jusqu'à sa mort
» de cabaler pour recouvrer la seigneurie de
» Cambrai; il était secondé dans la ville par ceux
» des bourgeois qui redoutaient autant la puis-
» sance des Espagnols que celle des Français. Ce
» différend occasionna la chute du commerce des
» toiles à Cambrai, et c'était alors la principale
» ressource du pays. La haine contre les Espa-
» gnols s'accrut peu-à-peu à tel point, que l'on

» ne croyait plus pouvoir commercer avec sûreté
» quand on les avait chez soi. Leurs rapines et
» leurs séditions les firent détester jusque dans les
» provinces voisines qui n'obéissaient pas à l'Es-
» pagne. »